Lb 4º 2276

SOCIÉTÉ
DES AMIS DE LA CONSTITUTION,
SÉANTE AUX JACOBINS, A PARIS.

LISTE ALPHABETIQUE

Des membres de l'assemblée nationale qui ont voté par oui *ou par* non *à l'appel nominal fait le 8 août 1792, l'an 4 de la liberté, sur le décret d'accusation contre M. Lafayette.*

Nota. Les chiffres qui précédent les noms indiquent les départemens.

Noms des Députés qui ont dit OUI.

A.

73. ALBITE.
28. Allain-Launay.
    Alleaume.
59. André (de Logny).
12. Antonelle.

12. Archier.
19. Aréna.
11. Arsaud.
10. Azema.

B.

39. Baffoigne.

A

(2)

71. Bardou-Boisquétin.
71. Barré.
　　 Baudot.
20. Basire.
72. Bassal.
60. Beauvais.
2. Belin.
42. Benoiston.
16. Bernard (de Saintes).
70. Bijon.
51. Bissy, le jeune.
11. Bô.
15. Bonnet-de-Méautry.
52. Bonneval.
83. Bonnier.
81. Bordas.
18. Boric.
11. Bourzès.
24. Bouvenot.
16. Bréard.
28. Briand.
40. Brisson.
60. Brissot (de Warville).
18. Brival.

C.

58. Calon.
35. Cambon.
31. Capin.
52. Carez.
61. Carnot l'aîné.
61. Carnot le jeune.
10. Causse.
28. Cavellier.
40. Chabot.
94. Charlier.
50. Chaudron-Rousseau.
15. Chazaud.
15. Chedaneau.
47. Choudieu.
27. Clzye.
57. Cochet.
54. Corbel.
58. Coupé.

9. Courtois.
55. Couturier.
52. Crousse.
55. Curée.

D.

56. Dameron.
62. Dareau.
63. Darneuilh.
2. Debry.
47. Dehonlières.
27. Delacroix.
66. Delaporte.
76. Delaunay (de Mailly).
47. Delaunay (d'Angers).
49. Deliége.
50. Delmas.
21. Derrien.
51. Decamps.
78. Despinassy.
50. Devraigne.
1. Deydier.
5. Dherbez.
21. Digaultray.
18. Dubois-Dubais.
15. Dubois de Bellegarde.
75. Dubreuil-Chambardel.
74. Dubuisson.
32. Ducos.
57. Duhem.
　　 Dunant.
36. Dupont.
68. Dupuy.
61. Duquesny.
40. Duval (du Plessis-Dorin).
54. Duval (de Vitré).
59. Dyzez.

E

16. Eschasserianx.
51. Esnue-Lavallée.

(3)

F.

13. Fauchet.
81. Faye.
18. Faye-Lachèze.
2. Fiquet.
8. Font.
82. François (de Neufchâteau)
71. François-Primandière.
40. Frécine.

G.

. Ganon.
. Garreau.
12. Gasparin.
8. Gaston.
79. Gaudin.
3. Gaulmin.
81. Gay-de-Vernon.
70. Gélin
18. Germiniac.
63. Gertonx.
62. Gibergues.
29. Giraudy.
27. Giroust.
49. Gobillard.
57. Gossuin.
79. Goupilleau.
12. Granet (de Marseille).
32. Grangeneuve.
51. Grosse du Rocher.
32. Guadet.
15. Guimberteau.
22. Guyes.
20. Guyton-Morveau.

H.

72. Hauffmann.
60. Hérault-de-Séchelles.
22. Huguet (de Guéret).

I.

31. Ichon.

80. Ingrand.
28. Inizan.
78. Isnard.

J.

1. Jagot.
32. Jay.
2. Jolly.

K.

60. Kersaint.

L.

44. Laboissière.
23. Lacoste.
31. Laguire.
50. Laloy.
23. Lamarque.
31. Laplaigne.
13. Larivière.
77. Lasource.
59. Lautour-Duchatel.
12. Lauze du Perret.
54. Lebreton.
75. Lecointre-Puiravaux.
72. Lecointre.
27. Lefebvre.
57. Lefebvre.
54. Lemalliaud.
48. Lemoine-Villeneuve.
54. Lequinio.
54. Letutour.
52. Levasseur.
29. Leyris.
26. Lindet.
53. Lolivier.
13. Lomont.
39. Lonné.

M

62. Maignet.
30. Mailhe.
63. Mailho.
52. Mallarmé.

A 2

18. Marbot.
40. Marchand.
80. Martineau.
12. Mauche.
47. Meneau.
59. Méricamp.
55. Merlin.
24. Michaud.
46. Monestier.
24. Monnot.
31. Montaut.
53. Moreau (de Bar).
79. Morisson.
79. Musset.

N.
16. Niou.

O.
20. Oudot.

P.
45. Paganel.
59. Paignard.
19. Peraldi.
14. Perrin.
49. Pierret.
5. Pinchinet.
23. Pinet.
80. Piorry.
48. Poisson.
20. Prieur-Duvernois.
30. Projean.

Q.
2. Quinette.

R.
1. Régnier.
70. Réverchon.
41. Reynaud.

71. Richard.
66. Ritter.
76. Rivery.
9. Robiu.
62. Romme.
41. Rongier.
Rovaire.
78. Roubaud (de Tourvès).
28. Roujoux.
33. Rouyer.
16. Ruamps.
66. Rudler.
67. Rühl.

S.
76. Saladin.
57. Sallengros.
71. Salmon.
68. Sanlaville.
25. Sautayra.
56. Sautereau.
48. Sauvé.
33. Séranne.
69. Siblot.
6. Soubeiram-de-Saint-Prix.
62. Soubrany.

T.
25. Taillefer.
58. Thibault.
49. Thuriot.
55. Tocquot.
17. Torné.
39. Turgan.

V.
50. Valdruche.
13. Vardon.
52. Vergniaud.
45. Vidalot.
33. Viennet.

Noms des Députés qui ont dit NON.

A.
55 Adam.
56 Adam.
29 Allut.
4 Amat.
27 Amy.
82 André (du Tillot).
13 Anseaume.
25 Archinard.
37 Aubert-Dubayet.

B.
61 Baert.
21 Bagot.
36 Baignoux.
22 Ballet.
18 Barbon.
59 Barbotte.
32 Barennes.
31 Bartis.
6 Bastide.
20 Batault.
7 Baudin.
23 Beaupuy.
50 Becquey.
20 Beguin.
74 Béjot.
36 Belle.
10 Bellot-Ladigne.
14 Benoid.
64 Bergeras.
83 Bernard (de Héry).
53 Bernard d'Ugny.
2 Bernier.
  Bertrand.
49 Besançon-Perrier.
9 Beugnot.
60 Bigot de Préameneu.
12 Blancgilly.
61 Blanchard.

68 Blanchon (de Confolens).
15 Blanchon (de Chazettes).
19 Boerio.
3 Boissot.
72 Boisseau.
47 Bonnemère.
83 Bonnerot.
11 Bosc.
27 Boucher.
28 Bouestard.
78 Boullenger.
7 Bournel.
73 Brémontier.
62 Bret.
13 Bretocq.
50 Briolat.
44 Brugoux.
36 Bruley (de Tours).
49 Bruley (de Sezannes).
67 Brunck.

C.
80 Cailhasson.
44 Calmon.
8 Calvet.
82 Carant.
69 Carret.
36 Cartier-Douineau.
17 Cartier Saint-René.
64 Casamajor.
64 Casamajor.
8 Caubere.
30 Cazès de Saint-Béat.
38 Champion.
9 Champonet.
71 Chappe.
18 Chassaignac.
75 Chasteau.
81 Chaubry de la Roche.
43 Chauflon.
5 Chauvet.

46 Chazot.
72 Chéron.
51 Chevalier Malibert.
68 Chirat.
47 Chouteau.
73 Christinat.
27 Claye.
53 Clément.
38 Clermont.
34 Codet.
72 Colas.
55 Collet.
11 Constance Saint-Estève.
57 Coppens.
22 Cornudet.
77 Coubé.
69 Courtot.
69 Cretin.
38 Croichet.
34 Croizé.
55 Crublier d'Opterre.
52 Cunin.

D.

51 Dalibourg,
38 Dalloz.
6 Dalmas.
7 Damourette.
37 Danthon.
49 Debranges.
76 Dehaussy-Robecourt.
16 Delacoste.
22 Delafont.
21 Delaizire.
23 Delfau.
7 Deliars
82 Delpierre.
20 Demartinecourt.
59 Demées.
45 Depère.
76 Dequeu.
6 Dereboul.

76 Desbois.
3 Descrots-d'Estrées
69 Desgranges.
73 Desportes.
48 Desprez.
61 Deusy.
82 Dieudonné.
64 Diturbide.
25 Dochier.
46 Domergue de Beauregard.
4 Dongois.
49 Dorizy.
30 Dorliac.
3 Douyet.
52 Drouin.
58 Dubout.
73 Ducastel.
2 Ducreux.
42 Dufrexon.
72 Dumas.
57 Dumolard.
16 Dumoustier.
35 Dupertuis.
56 Dupin.
51 Dupont-Grandjardin.
56 Durin.
70 Duroussin.
26 Duval (de Thiel-Nolant).
81 Duvoisin de la Serve.

57 Emmery.
65 Escanié.
77 Espéron.
48 Euvremer.
25 Ezingeard.

F.

10 Fabre (de Carcassonne).
54 Fabre (de Ploërmel).
2 Fache.

4 Faure.
83 Fayolle.
47 Ferrière.
4 Ferrus.
25 Fleury.
52 Foissey.
73 Forfait.
26 Fossard.
63 Fournier.
61 François (de Bunnéville).
56 Frasey.
6 Fressenel.
73 Froudière.

G.

25 Gaillard.
70 Garchery.
43 Gastelier.
62 Gaubert.
79 Gaudin (vicaire).
77 Gausserand.
20 Gelot.
43 Genty.
30 Girard.
58 Girardin.
79 Giraud (de Fontenay-le-Comte).
1 Girod (de Thoiry).
48 Giroult (d'Avranches).
34 Gohier.
7 Golzart.
30 Gonin.
60 Gorguereau.
58 Goujon.
78 Granet (de Toulon).
83 Gréau.
73 Grégoire.
14 Gros.
80 Guilland de l'Etanche.
37 Guillioud.
54 Guillois.
14 Guitard.

H.

58 Hainsselin.
61 Haudouart.
26 Hébert) de Montfort-sur-Rice).
74 Hébert (de Précy).
3 Hennequin.
14 Henry.
 Henrys.
 Hemmery.
41 Hilaire.
73 Hochet.
72 Hua.
43 Huet-Froberville.
9 Hugot.
17 Huguet (de Fagoune).
7 Hureau.

I.

8 Ille.

J.

36 Jahan.
70 James.
41 Jamon.
75 Jard-Panvillier.
53 Jodin.
74 Jollivet.
3 Jouffret.
75 Jounault.
70 Journet.
52 Journu-Aubert.
58 Juéry.
5 Juglar.

K.

67 Koch.

L.

4 Labastie.
69 Laborey.
60 Lacépède.
44 Lacoste-Montlausur.
60 Lacrételle.
52 Laffond-Ladébat.
45 Lafont.

25 Lagier-Lacondamine.
41 Lagrevol.
67 Lambert (de Lauterbourg).
38 Lameth (Théodore).
27 Langlois (de Louviers).
83 Langlois (de Lintot).
68 Larochette.
77 Larroqué-l'Abécéde.
44 Lassabathie.
31 Latané.
22 Laumont.
83 Laureau.
45 Lavigne.
43 Lebœuf.
69 Leboucher du Longchamp.
58 Lecaron-Mazancourt.
59 Leconte de Betz.
34 Lecoz.
69 Lécuret.
59 Lefessier.
61 Lefrancq.
72 Legras.
61 Legressier.
43 Lejeune.
57 Lejosne.
40 Lemaître.
57 Lemesre.
68 Lemontey.
48 Lepigeon de Boisval.
48 Lerebours de la Pigeonière.
64 Lerembourc.
13 Leroi (de Lisieux).
77 Leroi de Flagis.
59 Lesueur.
48 Letourneur.
73 Levavasseur.
23 Limousin.
2 Lobjoy.
11 Lortal.
76 Louvet.
75 Lucas (de Betteville).
65 Lucia.
58 Lucy.

M.

9 Maizieres.
45 Maleprade.
83 Malus.
55 Manehand.
55 Mangin.
82 Marant.
42 Marie (de Nantes).
65 Marie (de Prades).
85 Marie-d'Avigneau.
55 Marin.
67 Massenet.
76 Massey.
67 Mathieu (de Strasbourg).
55 Mayerne.
29 Menard.
82 Mengin.
47 Merlet.
16 Merveilleux.
43 Meunier.
34 Michel.
68 Michon-Dumarais.
57 Michoud.
11 Molinier.
80 Montault-Desilles.
21 Morand.
83 Moreau (de Compigny).
49 Morel.
38 Morivaux.
42 Mosneron l'aîné.
42 Mourain.
78 Muraire.

N.

74 Naret.
76 Nau.
11 Nogaret.

P.

51 Paigis.
53 Paillet.
26 Pantin.
42 Papin.

60 Pastoret.
30. Pérignon.
14 Perret.
38 Perrin (de Lons-le-Sau-
　　nier).
72 Petit.
55 Pierron.
7 Pierret.
19 Pietry.
29 Pieyre.
72 Pillaut.
78 Poitevin.
11. Pomiers.
45 Pouget.
19 Pozzo Dibergo.
80 Pressac des Planches.
57 Prouveur.
2 Prudhomme.
55 Pyrot

Q.

60 Quatremère-Quincy.
74 Quatresolz.
48 Queslin.
　　Quertu.
47 Quesnay.

R.

5 Raffin.
56 Rameau.
74 Regnard-Claudin.
9 Regnault.
26 Rêver..
65 Ribes (de Perpignan).
1 Riboud.
51 Richard-Villiers.
16 Riquet.
21 Rivoallan.
60 Robin-Léonard.
75 Robouan.
35 Rochoux.
37 Rogniat.
71 Rojou.
55 Rolland.

30 Rouede.
83 Rougier-Labergerie.
71 Rousseau fils.
1 Rubat (de Belley.
70 Rubat fils (de Mâcon).

S.

68 Sage.
14 Salvage.
77 Sancerre.
68 Saulnier.
40 Savonneau.
66 Schrimer.
34 Sebire.
74 Sédillez.
32 Sers.
32 Servières.
46 Sévene.
65 Siau.
9 Sissous.
10 Solomiac.
72 Soret.

T.

73 Tarbé.
54 Tardiveau.
31 Tartanac.
14 Teillard.
72 Tenon.
59 Térède.
48 Tesson.
30 Theule.
68 Thévenet.
60 Thorillon.
27 Thillionbois de Valeuil.
60 Treilh-Pardailhan.
58 Tronchou.
43 Turpetin.

U.

21 Urvoi.

V.

6 Vacher.
37 Vallier.

57 Vanhœnacker.
14 Vayron.
30 Veirieu.
23 Verneuilh.
73 Vimar.
29 Vincens Plauchut.
58 Viquesnel-Delaunay.
55 Vivier.

24 Voisard.
22 Voysin.
82 Vosgien.
58 Vuillier.

W.

61 Wallart.
66 Wælterle.

Noms des Députés absens.

A.
80. Allard.
67. Arbogast.
77. Audoy.
54. Audrein.
75. Auguis.
13. Aveline.

B
76. Ballue.
66. Bœümlin.
80. Belleroche.
27. Bellier du Chesnay.
28. Bohan.
5. Bouche.
53. Bousquet.
13. Boutry.
67. Briche.
60. Broussonnet.
66. Bruat.
53. Brun.

C.
Chamout.
68. Caminet.
2. Carlier.
57. Carpentier.
13. Castel.
Cledel.
47. Clémanceau.
68. Collomb-de Gast.
60. Condorcet.

70. Cornet.
63. Couget.
72. Courtin.
42. Coustard.
62. Couthon.
60. Cretté.
62. Cuel.

D.
Daverhoult.
60. Débry (de Paris).
Defavière.
41. Delcher.
29. Delon.
81. Deperet.
26. Deschamps.
70. Desplaces.
10. Destrem.
15. Dumas-Champvallier.
34. Dupetitbois.
68. Duvant.

E.
54. Elie.
12. Espariat.

F.
60. Filassier.
17. Foucher.
17. Fouquet.
42. Français.

G.
60. Garan-de-Coulon

32. Gensonné.
45. Genty.
16. Gilbert.
21. Glais-de-Bizoin.
47. Goffaux.
76. Goubet.
71. Guérin.
44. Guilhou.

J.

16. Jouneau.
68. Jovin-Molle.

L.

44. Lachièze.
32. Lacombe.
77. Lacombe-St.-Michel.
45. Lacuée.
15. Lafaye-des-Rabiers.
67. Lambert (de Bélan).
68. Lamourette.
20. Lasalle.
41. Laurens.
15. Léchelle.
26. Legendre.
19. Leonetti.
27. Léopold.
13. Leroy (de Bayeux).
73. Letailleur.
48. Letellier.
64. Lostalot.
2. Loysel.
46. Lozeran de Fressac.
39. Lucas (de Dax).

M.

79. Maignen.
28. Malassis.
12. Martin (de Marseille).
36. Martin (de Loches).
15. Martin (de Cognac).
56. Mathieu (d'Anlezy).

12. Mauche.
81. Michelon du Marbareau.
60. Monneron.
62. Moulin.
45. Mouysset.
60. Mulet.

N.

20. Navier.

P.

12. Pellicot.
79. Perreau.
78. Philibert.
23. Pontard.
Puset.

Q.

76. Quillet.

R.

62. Rabusson-Lamothe.
44. Ramel.
60. Ramond.
74. Rataud.
33. Reboul.
10. Ribes (de Limoux).
78. Rouband (de Grasse).
22. Roux-Fasillac.

S.

17. Sabathier.
37. Sablière-Lacondamine.

T.

26. Tavernel.
62. Thévenin.
79. Thierot.

V.

6. Valadier.
71. Vérité.
24. Vernerey.
74. Vienot-Vaublanc.

W.

Wilhelm.

De l'Imprimerie du PATRIOTE FRANÇOIS, place du Théâtre Italien.

www.ingramcontent.com/pod-product-compliance
Lightning Source LLC
Chambersburg PA
CBHW071430060426
42450CB00009BA/2115